현대시세계 시인선 183

# 옆구리의 슬픔

오두섭
시집

# 옆구리의 슬픔

오두섭 시집

## 시인의 말

생계형 노동을 하면서 썼다.

아직 남아 있는 감각과 언어의 심근心筋들이 없었더라면 나날이 고단해지는 몸을 어찌 건사했으랴.

저 구름의 옆구리 파고들기? 되돌아가는 파도에 올라타기?
마냥 그럴싸하게 다가오는 내일까지도,
내겐 그런 시간들이 목마르다.

'품'을 업고 다녀야 하는 지난한 세상살이를 언어의 '품'으로 위로해줄 수는 없을까.

2025년 늦여름
오두섭

**차례**

**시인의 말** 5

**1부**

깃털의 시 · 13
전지剪枝 · 14
겨울 폭포 · 15
불 · 16
이월 · 18
빈 병 · 20
침습하는 아침 · 22
떠도는 말 · 24
연필들 · 26
몸의 시 · 28
종극終極 · 30
삶, 혹은 · 32
어둠의 질량 · 34

**2부**

호수 · 37
숲에 들 때는 · 38
여인이 있는 정물 · 40
세 겹의 구름 · 42
생가의 봄 · 46
흙의 뿌리 · 48
안단테 칸타빌레 · 50
네 번째 파도 · 52
달밤 · 54
월식 · 56
전봇대의 시 · 58

**3부**

봄날의 교신 · 61
오늘들 · 62
조문객들 · 65
골목에서 · 66
그날 우리들의 대화 · 68
그날 한낮의 택배물 분실에 관하여 · 70
하수구의 노래 · 72
혹은 추상적이거나 · 80
한 겹의 생 · 82
잔설 · 87
나는 무덤이다 · 88
봄 그즈음 · 90

**4부**

나사 · 93

종소리 · 94

이별의 미래 · 95

밥 · 96

forget me not · 98

옆구리 · 100

관성 · 101

조우 · 102

웃음소리들 · 104

난파선 · 106

스캔들 전야 · 107

당신의 안과 밖 · 108

물의 기억 · 110

연륙교에서 · 112

투고 · 114

**해설** 패배의 운명을 감수한 난파선의 항해 / 우대식 · 116

1부

## 깃털의 시

깃털 하나 떠 있다

누구의 졸던 품에서 흘러나왔는지도 모른 채, 출입문 앞에서 멈춰 선다 눈보라치는 골목을 둘러보다가 이내 문턱을 타넘는다

기억상실자처럼 얼굴들 사이를 유영하며 티격태격하는 몸짓이나 작별 직전의 포옹 같은, 낯선 따스함에 잠시 발걸음을 세운다

깃털은 과거를 잊은 채 부유한다 그런데도 나는 그 앞에서 숨을 멈춘다 혹시 내 안의 무언가를 들킬까봐, 말보다 먼저 흘러나오는 냄새 같은 것들

어디선가 날개의 기억을 끌고 온 듯 깃털은, 한때의 속력을 잊지 못한 채 뜬다 바람의 옅은 틈을 타고

텅 빈 객실을 떠돌다 사라진다 하지만 나는 안다, 어둡고 바람 찬 모퉁이 자리들이 저들을 위한 곳이라는 걸

되돌아갈 길 없는 통로의 깃털 하나가 종착역, 내 가파른 가슴팍에 아슬아슬 매달린다

## 전지剪枝


그늘을 단죄한 땡볕의 형장刑場

저들의 영역에 피가 홍건하다

가지와 이파리들
들것에 실려 나가고

울음소리 허공을 맴돈다

무슨 죄목을 읽은 것도 아닐 텐데
꿇어앉은 나목들

톱날이 휩쓸고 간 상처를 선홍빛 햇살이 지져댄다

훔쳐보던 창들은 아무 일 없었다는 듯
슬며시 커튼을 친다

도려낸 그 높이에서
내 시선도 잘려나갔다

## 겨울 폭포

거침없이, 무자비하게 쏟아붓더니
깡그리 얼어붙어서는

여름날 내 등을 때리던
울울창창鬱鬱蒼蒼
그 물소리까지
알몸으로 묶여 고문을 받는다

햇살의 채찍에 시퍼렇게 날이 섰다

내 언어로는 닿을 수 없었던
물보라 너머의 풍경

제 지느러미로 은밀히 물줄기 흘려보내며
무지개 하나 슬쩍 띄우는데

아까부터 물의 서슬을 가늠하던 여인이
빙벽의 등뼈에 긴 쇠못을 갖다댄다

## 불


켜진다는 건 얼마나 사소한 놀라움인가

막 태어난 아기의 눈동자로 세상의 뜨거운 빛이 쏟아질 때

빈집의 녹슨 철대문이 스스로 살을 갉아먹으며 돌쩌귀로 울부짖는 순간

양동이의 물이 항아리의 어둔 바닥에 불꽃을 쏟아붓고

젖은 삭정이 속 숨죽이던 불씨를 끝내 살려내고야 마는 짠 입김과 매운 눈물

백열전구를 사러간 아우가 어둠을 뒤집어쓰고 달려들어오던 밤

삼세번에 붙은 성냥불이 내 심장을 두근거리게 하고

불살라버린다는 것은 얼마나 놀라운 사건인가

무인도에 고립된 조난자가 마침내 불을 만들어 어둠을 통째로 태운다는 것

나는 여기에 있다고
타오르고 있다고

## 이월

　눈을 다시 뜨고 싶지 않은 아침

　얼어붙은 개울 밑을 간신히 기어가던 물들이 징검다리에 올라 건너편 야산을 휘둘러본다는 어떤 소년의 풋내나는 시구詩句의 노트 귀퉁이에서

　문득 잊힌 주소지의 나에게 발송했던 그 어느 날 빛바랜 엽서의 소인을 들여다본다

　"너는 왜 자꾸 첫 말을 더듬니" 핀잔을 들었던 윤삼월 생일날을 앞둔 내가

　GMC 트럭을 쫓아가다가 횟가루 세례를 받고 잠시 멀었던 두 눈동자를 기억한다

　여린 가지마다 티눈같이 돋은 얼음 알갱이가 독을 뿜는 저녁이 오면

　밖으로 뛰쳐나온 기침소리를 밟고 오래 닫아둔 창을 두드리는 거친 손등

내가 나를 깨우기 전의 한 시절

봄은, 그 엽서 뒷면에 아직 도착하지 않은 중이다

## 빈 병


푸석한 속을 냉장고에서 꺼내려는데
어둠을 걷어놓지 않는 모서리에서
나를 꼬아보는 술병들

손끝에 까끌한 유리 가장자리의 어둠

밤새 저를 어루만지며 속을 긁어낸
지문을 읽어내고 말겠다는 속내다

외마디 끝, 다물지 못하는 주둥이
비명을 삼킨 채
천 길 공중에 뜬 허파 속 침묵

방바닥으로 굴러가 멈췄지만
넘어진 척, 휘청거리다가 한 바퀴 더 도는
저들의 결연한 낙법

마지막 한 방울은 어디 감춰뒀을까

여차하면, 간밤의 내 여죄를

다 게워놓겠다는 심산이다

저 심기, 섣불리 건드렸다간
나뒹굴며 고함치다가
자신을 깨물고 자해할 것 같은데

괜스레 입술 동그랗게 말아
긴 고동이나 불고 싶은

그런 아침, 빈 병 속의 나

## 침습하는 아침

저들의 촉수 너머에 매복해 있던 벌레 떼가 내 방을 침습한다

외등이 꺼지기 직전, 잠시 어둠의 먹이를 남겨두기로 하고

아직 드러나지 않은 소재의 빈 공간, 불가시적인 질량의 존재부터 탐색할 기세

이윽고 모서리에 들러붙은 껍질부터 벗긴다

사물의 개수와 앵글, 프레임과 질감, 순간마다 옷을 갈아입는 색상까지

순차적으로, 정교하게, 치밀한 적막으로, 단 하나의 오차도 없는 치명적으로

기어이 암전을 걷는 커튼, 시선을 맞바꾸는 바깥과 안쪽

종이에 배어나오는 숫자들,

볼록하게 부푸는 로션,
거울로 들어가는 외투와 단추,
삐뚜룸 누운 만년필이 되먹는 그림자,
가장자리를 둥글게 말고 있는 스마트폰,

액정들은, 오히려 희미해진다

꿈을 만드는 침상에는 질곡이 얼룩져 있고

기어이 골격을 드러내고 마는 뼈마디들의 조합이
우두둑 나를 깨운다

## 떠도는 말

순례자의 혀끝에 묻혀 들어온 건
설탕을 숨긴 알코올의 기포였을지도

구호가 들끓는 광장, 모퉁이 횟집 수족관에서 퍼덕이는 속보, 산막에서 부둥켜안고 지샌 간밤의 입김 서린 속삭임

유리벽이 깨지는 웃음의 칼날, 회전문을 밀고 들어오는 여인의 이마 위로 전광판 자막이 흘러내리고

머그잔에 찍힌 보랏빛 루주 자국으로, 씹다 뱉은 이빨자국 선명한 쓰레기통 속 입담들로

반투명 음료 속 언쟁 중인 얼음 알갱이, 서로 밀치다 결국 녹아버리는

예감보다 빠른 소나기처럼 그 말들이 떠도는 길목마다 불길한 그림자가 깔리고

누군가에게 흠씬 두들겨 맞고 돌아가던 길에서 붉게 물든 노을에게 질러대던 몇 마디 말이 내 가슴을 치던 날

외진 담벼락에 걸려 펄럭이다 끝내 제 활자에 찔려 늑골을 부러뜨린 신문지도

행여 믿을 것인가, 끝내 의아해할 것인가

그 말의 부스럼 딱지들
지금도 누군가의 목젖에 걸려 울음처럼 삼켜지지 않는다

## 연필들


화병이 뾰족한 심지들을 야무지게 깨물고 있다

저 연필들, 검은 물에 담겨

내 아직도
싱크홀에 빠진 기억을 감전시키는 영감의 번갯불을 포착하려던 것이다

나의 일필一筆을 믿는 것이다

깎아 세우다 부러뜨린 언어의 늑골들, 초안草案으로 봉인해둘 수밖에 없었던, 숯덩이처럼 타들어간 연서들의 밤은 어찌하고

빛바랜 백지를 빤히 들여다보는
덧칠하다가 굳어버린 마음의 흉곽들

기어이, 심心 하나를 꺼내드는데

긁적거리다가 몽땅해진

시편들

혓바닥 긁히도록 침을 발라본다

## 몸의 시

나는 내 몸을 만진다

쓰다듬어 완성된 얼굴
한 번씩 더듬어보는 옆구리
가장 멀리 자리한 발톱을 다듬고
함몰된 젖꼭지를 꼬집어본다

이번엔 내 몸이 나를 만진다

과장된 동작으로 재채기를 연거푸 하고
광장에서 방향을 잃은 어깨와 부딪히고
발끝은 작은 웅덩이에 툭 빠지고

문득 몸이 의심 많은 부위를 엑스레이로 비춘다
슬개골 위엔 나비 문신을 새겨넣으려 한다

연단 위에서 내 몸이 말했다
혀는 말을 비껴가고
입술은 낯선 이름들을 흘린다

몸은 나를 못믿겠다는 투로
거울 앞으로 끌고 간다
두 개의 몸이 서로 외면하며
마주한 거울 속 얼굴을 부정한다

가끔 벗어둔 옷이 몸에 맞지 않을 때면
몸 안의 나는 안절부절못해
몸 밖의 나는 오돌오돌 떨고 있어야 한다

몸속 장기들이 웅크리기 전
나는 늑골 밑으로 손을 집어넣는다

내 안에 사는 나를 만나러 가는 길

그런데 그는 번번이 꿈속의 나를 깨워
다시 밖으로 데리고 나온다

내가 뱀이 되려는 순간
내가 개가 되어 짖으려는 순간

몸은 또다시 나를 입는다

## 종극終極

　먹구름이 깔아놓은 징검다리를 건너다 달빛이 미끄러진 자리에서 나는 더 이상 걸어가지 않기로 했다

　가쁜 숨을 몰아쉬던 늦여름 버즘나무가 마른 혀로 입가를 훔치던 그 어스름

　나는 한쪽 무릎을 꿇었다

　묵음으로 되뇌이던 이별의 침묵이 벌떡 일어나 두 사람 사이로 빠져나갔고

　구름 위에 머물던 달빛 한 조각이 쇄골 위에 쌓였지만 나는 그 빛을 떨구었다

　몰래 지켜보던 달이 구름을 걷고 나서야 너는 돌아섰고
　나는 그 궤적 몇 걸음 뒤쫓다가 꺼져버린 후미등을 바라보았다

　마른번개가 찢어지고 천둥이 문을 닫듯 어둠이 가라앉은 그 밤
　나는 네가 빠져나간 구멍으로 남아

끝내, 그 밤의 입구를 되돌아보지 않았다

## 삶, 혹은

그래서 결국은 죽음,
혹은 그 이전

한 생을 살아냈다는 불확실한 체험보고서

내 존재를 입증하는 유일한 단서

폐기된 채 잊힌 사건들과 감정이 누락된 실존증명서

언젠가는 울었고 때로는 웃었다는, 겹쳐진 문장

날짜 없는 캘린더, 갈겨쓴 메모 속의 익명들

나 아닌 누군가의 기억에서 지워지고 남겨진 독백들

지나간 날들의 침전물, 책상 서랍의 영수증과 아무에게도 보내지 않은 편지

유치한 수식어들, 과장된 변호, 황당한 위증에 달라붙는 엉성한 변명들

판사는 없었고 배심원 자리도 공석

유죄, 그러나 집행유예

나는 내 안에 수감되었고, 감옥의 굴뚝에는 언제나 눈이 내렸다

깜깜한 독방의 벽에 손톱으로 긁은 자국
어떤 일이 있었더라도, 없었던 사람으로 만들어서는 안 되기에

내가 살았었다는 사실은 누구도 되묻지 않았고, 나는 아무 대답도 준비 못했다

어딘가, 누군가의 손에 남겨졌을 내 이름자의 서투른 필체

혹은 책갈피 속에 눌린 꽃잎 한 장

그것이면 족하다고, 그 또한 지나치다고

## 어둠의 질량


　어김없이 찾아드는 일몰의 허기가 빈 아궁이를 데우려다가 굴뚝을 타고 슬며시 날아오르고

　졸고 있는 백열등 아래 짝패가 맞춰지지 않는 아버지는 헛기침만 토했다

　잿가루 날리는 마당가에서 지폐인 양 움켜진 쪽지

　땅거미 쫓겨난 빈 가마솥에 맹물을 끓이는 어머니의 손

　헛바람에 밀려 돌아오던 아이는 삭정이 태운 연기를 삼키듯 멍하니 허공만 올려다본다

　문득 돌아오는 발자국들, 한껏 무거워진 신발을 포개놓고 재를 가득 퍼담은 저녁 밥상에 둘러앉는다

　검댕이로 눌어붙은 하루가 어둠의 주름을 뒤척인다

2부

호수

 산야와 마을 곳곳에 흩어진 호수의 얼굴들은 시시각각 변신하는 신기루에 불과하다

 그것들은 짙푸른 하늘을 띄운 구름이요 거꾸로 처박힌 설산의 봉우리들이다 물결에 일렁이는 모텔촌의 네온, 작은 배들이 헤엄쳐 다니는 풍경이다 사람들이 기도하는 시간이면 교회의 첨탑이 물 위에 무릎을 꿇기도 한다

 밤이 되어서야 호수는 수면에 뜬 얼굴을 지우고 검고 적막한 제 안에 온전히 잠겨서 비로소 저 홀로 깊고 아름답다

## 숲에 들 때는

처음부터 길을 찾으려 하지 마라, 길은 나무들이 만들어 놓은 여백에 불과하다

어린 새들이 저토록 요란한 것은 저들의 불심검문에 침엽수 어투로 화답하라는 뜻이다

깃발 앞세우고 연신 뒤를 헤아려보는 바람을 따라가다가 고목들이 도열한 구간에서는 잠시 걸음을 늦출 것

햇빛 기둥 아래에서는 하늘을 올려다보지 말고, 발끝에 떨어지는 너의 그림자만 확인하라

고사목 원탁에서는 허튼소리를 삼가라, 이 숲은 허접한 논쟁보다는 침묵에 더 귀를 기울인다

어둠이 일찍 스미는 숲에는 문 없는 방들이 많다

숭숭 뚫리는 이끼의 벽 너머로 옆방의 숨결이 느껴지고, 비워둔 둥지에서는 수유授乳의 방이 남아 있다

기억과 망각이 등을 맞댄 다락방에서는 묵혀둔 일기장을 펼쳐라

누군가 며칠 묵고 간 방이 허공을 가득 채우고 있는데

나무껍질에 귀를 대면 스쳐간 계절이 웅얼거리니, 비밀을 캐려 하지 말고 그냥 들어라

해먹에 누워서 은하수를 찾지 마라, 별빛보다 부드러운 어둠의 촉감을 몸에 감아라

누군가의 이름을 부르지 마라, 숲에는 길이 없나니

# 여인이 있는 정물

그저 한 곳을 응시할 뿐이지

어쩌다 스치는 풍경은
시선의 생리작용 같은 것

순식간에 피어올라 뭉개지는 얼굴 같은 것

여인이 놓인 그곳은
화폭에서 벗어난 화가의 현실

말라버린 화병 몇 개
날개를 접은 두 마리 새와
스스로 구도를 잡고 있는 과일 바구니

여인은 그것들의 침묵을 천천히 밟고 가는
색상의 질감과 그림자의 두께를 더듬을 뿐

자기 몸에 드리운 음영은 보지 못하지

자신이 응시하는 정물은 하나씩 벗기면서도

화가의 손끝이 그려내는 자신의 둔부를
스스로 쓰다듬을 수는 없지

방금, 팔레트에서 돋아난 꽃잎 하나
여인의 어깨 위에 툭 떨어지는데

그 차가운 감촉에 부르르 몸을 떤다

# 세 겹의 구름

구름은 변절의 외투를 입고 나타난다

**1. 동행**
한 키 낮게 내려와
같이 가자던 구름과 들길 거닐다가

길가에서 나를 기다리던 들꽃들과 얘기 좀 나눴다고
그새 보이지 않는다

들꽃의 시간이 그리 길었던가

구름의 행적은 종잡을 수 없었다

내빼버린 빈 하늘가 멀뚱히 바라보는데
바람이 들꽃을 흔들었다

둘이 걷던 자갈길을
나 혼자 다시 밟아가는데
심술맞은 먹구름이 소나기를 퍼붓는다

## 2. 구름의 법칙

뜬구름 한 점
제 몸짓대로 들길 따라나섰더니
저수지 위에서 실족한 것 같다

수면 위로 떠오르는 거품들

같이 가기로 해놓고 먼저 사라져버린 흔적
허공에 흩뿌려진 발자국들

그들의 거래엔 룰도, 반칙도 없다
언제든 번복하면 그만이고
변심초차 환불이 된다

그런 기억을 재생해볼 아침마저
저들에게는 뜨지 않으니

저런 방종이
내게도 허용되어야 한다는 근거는
하늘 언저리 어디에도 없다

황급히 되돌아오는 둑길
돌멩이만 한 우박이 쏟아지고

그제야 구름은 나를 알아본 듯
빗방울 툭 던져주고
또 사라진다

**3. 구름의 신경병리학**
웬만하면 좋게 보려해도
구름은 신경질적 변덕으로 부풀어오른 허풍이다

잊을 만하면
구름 조금, 이라더니
천둥번개, 소낙비를 퍼붓고

슬레이트 지붕 위엔
화를 삭히지 못한 소리들을 내리친다

오늘은
구름 많고 오후 한때 눈발,

그래 놓고
하루 종일 햇볕 건조하다

산불이 번지는데도
멀뚱히 보고만 있고

왜 그러는지 구름도 알 리 없겠지만

아나필락시스anaphylaxis나
소시오패스sociopath 같은 해괴한 이름들을
저 위에 띄워도 괜찮을까?

어떻게 알겠는가, 저런 것들을

가끔 찡그리고 있는 나를
본 척도 않으면서
아픈 데 하나 없다는 듯
새파란 얼굴을 쳐들고 지나가는데

## 생가의 봄

간이역에 내려 봄기운 스민 길을 따라 걷는데
매화가 터졌다는 소식,
생전의 빈말인 줄 알았더니

그 사람은 이 집에 없고
앞뜰 매화 한 송이 먼저 와 있었네

막 터진 꽃망울,
아직 붉어지지도 못했는데
누군가 벌써 낙화를 말하네

무언가 숨겨뒀을 것만 같은 뒤뜰
봄볕조차 멈칫하는 그늘 아래

피고 진 날들의 문장,
차마 기록되지 못한 주석들
접혀진 갈피들

낮은 지붕 아래
오래된 상패 몇 개

표구도 안 된 훈장 몇 조각
반짝이는 잔설로 남았는데

구름은 모두 읽었다는 듯
몇 방울 분홍빛이다

## 흙의 뿌리

꽃나무 여러 해 키워본 생각인데,

뿌리만 있는 줄 알았던 흙에도
맥박이 뛰고
무언가 자라고 있었다는 사실

흙도 뿌리를 뻗듯
안으로 자라나는 존재였다는 걸

몇 줌 화분 흙이
스스로 뿌리를 내밀 듯 꿈틀거릴 때

하얀 실핏줄 같은 균사菌絲들이
뿌리의 숨구멍으로
속삭이듯 빨려들어가는 것

그때부터
흙이 뿌리에 숨을 불어넣고
뿌리는 흙의 속살을 적시며
제 살처럼 끌어안는다

그런 줄도 모르고
분갈이를 한다며 뿌리를 털어냈더니

지금, 저렇게
흙이 다시 잔근육을 일으키고 있다

흙이 흙을 끌어당기며
제 몸을 다지는 시간

흙의 생리를
가만히 지켜보며
나를 감싸안는 시간

## 안단테 칸타빌레

모든 것은
저마다의 리듬으로 흐르지

시간도 그래서
이 들판에 와선
그저 가만히 머물러 있을 뿐

노래 불러라,

엎드린 벌판을 딛고
바람을 가로막아선 채

악보를 읽지 못하는 저녁의 삶처럼

들꽃 사이 숨겨진
음표 몇 개
손끝에 얹어보며

언덕에 기운 지붕들아
입을 열어라

무심한 구름도
심드렁한 저 굽은 길도

저마다의 음정으로
숨죽여 노래할 테니

나의 노래는
처음부터 저음을 낼 수 없었던 것

외진 느티나무 그림자가
중저음으로
내 목청에 기댈 때까지

천천히, 아주 천천히
숨결처럼 번지는 선율로

## 네 번째 파도

파도는 등뼈를 감춘 수평선 너머에서 달려온다

둘은
이별을 머금은 채 모래 위에 나란히 누웠다

첫 번째 파도는
발끝을 적시고 잠시 머물다 돌아갔다
손은 아직 놓지 않았다

다음 파도는
허리께를 밀고 들어와
잡은 손을 갈라놓았다

숨을 참은 채 덮쳐온 세 번째 파도는
둘 사이를 가르고
모래에 겹쳐진 그림자까지 쓸어갔다

남자는 눈을 떴고
여자는 바닷물을 삼키며 숨을 몰아쉬었다

서로는
잠깐 놓았던 손을 덥치듯 다시 끌어잡았다

그리고 바로 앞에
네 번째 파도가 밀려왔다

모래밭이 텅 비워지고 있었다

## 달밤

눈이 내려 쌓인 줄 알았다
녹아 사라진 자리의 흔적처럼 보였다

담벼락을 지나 지붕을 타고 흘러내린
고양이 발자국 한 줄기

화선지에 번지는 먹물 같았다

밟으면 물소리가 날 것 같아
숨지 못한 길들이
제 흔적을 마른 나뭇가지에 걸어둔다

나는 한 소절의 숨표를 입안에서 굴리다
트림처럼 내뱉는다

밤이 너무 얇아
손끝에 휘말리다가
찢어질 듯한데

더는 볼 것 없다는 듯

스스로 눈을 감는다

오늘은 달빛이
나보다 먼저 잠들었다

## 월식

내가 붙든
잠시 어두워진 틈이었어

너의 눈동자에
달을 가린 그림자가 어린 것은

그 사이
나는 너의 마음 모서리를
살짝 그슬려 놓았지

검은 옷깃을 세워 얼굴을 감추던 너

웃음은 언제나
반쯤 저쪽으로 돌아서 있었고
그리움은 여태까지 꺼지지 않는 불씨

오늘도 밤하늘에선
비밀처럼 별들이 추락하고

나는 그것들을

가뜩이나 그늘진 달의 뒷마을에
가만히 묻어두는 거야

너도 모르게
제 홀로
오래오래 타오르도록

## 전봇대의 시

전봇대와 전봇대 사이를 치명적으로 건너가는 전깃줄이 둥글게 늘어앉은 것은 허공의 무게나 전류의 떨림, 비둘기 한 마리의 앉은자리 때문만은 아니다

전봇대 아랫도리에 쇠막대기가 박히지 않고 반들반들 닳아 있는 것은 누가 망원경을 목에 걸고 꼭대기로 기어오를까봐서도, 천둥 벼락 치는 날 누군가 뛰어와 부둥켜안을까봐서도 단연코 아니다

그것은, 전류의 찌릿한 쾌감에 감전되고픈 밤의 포옹 남녀를 위한 것이다

어젯밤, 자신의 구역을 침범한 흔적을 알아챈 개 한 마리 가랑이를 질퍽하게 벌리고 코를 벌름거렸다

3부

## 봄날의 교신

그 사람 생전의 곁을 스친 꽃들이
지금 이 자리에서 활짝 피었다

먹먹한 그리움에 답하듯
영정 앞에서 미소를 띠운다

추모공원 언저리
꽃 능선 따라 오르내리는 사람들

이승과 저승 사이를 슬그머니 오가며
저마다 짧은 기별을 전한다

이토록 아련히 녹아내리는 경계들

내가 보랏빛 하늘에
화살기도를 연거푸 쏘아올리는 것은
이쪽 봄볕이 너무 아늑해서다

## 오늘들


동식물의 호흡과 비축된 기체들의 숨결을 들이마신다

정체구간을 증감하는 교통량

기억의 망각과 재생, 점멸하는 신호와 교차로들

막 숨을 거둔 것과 오래 전 숨을 거둔 것들이 아직 머무는 날

살아 있었던 모든 것에 몰인정하게 바쳐진 시간의 분개장

촛불 한 자루의 생에 또 누가 불꽃을 갖다댄다

산과 바다, 강과 사막, 동굴의 꿈틀거림과 느껴보지 못한 지각의 변동, 혹은 여전히 가닿을 수 없는 빙하기의 시간들

집이 넘어지고 길이 가라앉고 한쪽 모퉁이에서 벽돌을 쌓는

그런 지구로 날아들어 자살한 작은 별들과

그 무덤들

선명하게 전송된 블랙홀의 고리, 그걸 놓치지 않으려는 광속의 시선들

입고와 출고, 구금과 석방, 그 밖의 모든 통제 문서들까지 압축해 저장되는 숫자와 도해와 기호들

길거리에서 무심결에 찍힌 동영상과 연출된 생의 필름들

발전소를 탈출한 전기가 보글거리는 늦은 밤의 부엌

지고 피고 꺾인 꽃을 버리다 엎질러진 화병과 거꾸로 서 있는 걸레들

아직 눈을 뜨지 못한 씨앗의 새벽

눈꺼풀 위로 힐끗 지나친 간이역

첫 헤어짐, 첫 만남, 첫 실수 그리고 모든 처음의 마지막

한 장씩 또박또박 넘기는 만화책, 침이 발라지는 그 뒷장은 흑백의 화면이었다가

어제가 모자라서 못 받는 연금, 내일이 저물어 깨끗이 아문 상처

어제에서 이어지는 오늘, 매번 닥쳐오나 결코 잡히지 않는 내일의 종말

보석함 속의 금언들, 스스로 녹을 닦아 빛나는

굳어버린 비둘기 똥 위에 내리는 눈, 쓰레기통에 쌓이는 순번 대기표

시집의 면지, 잉크가 마르기를 기다리는 연월일

호스피스 벽에 멈춰 선 시계, 그걸 바라보고 서 있는 뭉크의 그림자

비상구 없는 터널 속
누군가 끊임없이 휴대폰의 다음 화면을 넘기고 있다

## 조문객들


현장에서 되살아나는 조화들
그 앞을 오가는 회색 그림자들

두리번거리며 들어와
정중하게 허리를 구부리는 언어들

적요의 방석을 깔고 앉은 은둔자들
빈자리를 빼곡히 채운 부재자들

축배의 잔을 든 몽상가들
빈말을 되뇌는 배우자들

조는 위로자들과
먼저 자리를 뜨는 배웅객들

어디엔가 숨어 있는 불침번들

귀를 후비며 돌아서는 소란騷亂들

## 골목에서


어둠을 품은 골목이 나를 불렀다
내가 흘리고 다닌 발자국을
다시 주워 가라며

돌부리에 채여 넘어지던 밤
막차에서 비틀거리던 귀갓길

쫓기듯 숨었던 적막한 참호
때로는 나를 품어주던 적진 같기도 했지

이력서를 구겨쥐고 돌아오던 저녁
희미한 불빛 아래 눌어붙던 청춘의 뒷모습

입맞춤하고 돌아섰던 뒷덜미에
서늘한 눈발의 감촉이 쏟아졌고

해진 일기장 갈피를 넘기면
막다른 골목길이 자주 나타났지

돌아나가라는 담벽의 낙서를 따라

몇 걸음 헤매다보면
언덕 끝에서 나를 비추던 푸른 수평선

오늘, 그 골목
불 꺼진 창 몇 개, 어둠에 잠긴 공터,
녹슨 철대문에 외등이 흔들린다

내 그림자 길게 늘어지는 동안
그 위를 밟고
누군가 따라오고 있다

# 그날 우리들의 대화

그날 그건 대체 뭐였을까
음악도 산책도 먹방도 아닌
실컷 까발렸다가 도로 쑤셔넣지 못한 난장
조명, 해부, 심층분석, 포커스 따위

시작은 장대비
서로 거칠게 빗물 튀기며
하수구로 잘잘 흐르던
그땐 어쩐지 흥에 겨운 춤 같았지

젖은 꽃밭에 불발탄 박히고
도망치다 끊긴 꼬리를 밟았지
그 끝에서도 침은 솟는다는 걸

숨은 흉기까지 드러난
이빨 섞인 말들
입이 귀를 할퀴고 귀가 마음을 물어뜯고

다만, 인격일랑 건드리지 말자고
쪼그라든 전두엽도 열받을 판

비 그친 뒤에는
골목에서 뒤로 걷는 연습을 했지
시멘트 담장에 박힌 녹슨 철조망에 스치고
웅덩이에 빠져 절뚝거리다
길 밖으로 쫓겨난 발자국 몇 개

그래, 그냥 흘러보내자
잔 속에 가라앉은 모래알의 성깔도

우리, 그냥 서로의 가슴에
한줄기 비로 스며든 거야

남길 수 없었던 발자국처럼

## 그날 한낮의 택배물 분실에 관하여


 그 카메라는 해왕성의 둥근 수평선을 당기듯 초점 흐려진 중고품이었다 그가 샹젤리제 거리 버스에 두고 내렸다는 가방 속 물건과 일련번호는 서로 달랐다고 해명했다

 그 택배기사는 말했다 대낮, 사모아 해역에서 침몰한 안개운반선-7호 때문일 수 있다고, 그러다 낮에만 야행하는 고양이 두 마리의 투명한 털 안에 숨겨졌을 가능성도 배제할 수 없다고 덧붙였다

 어쩌면 유치원 앞, 아이를 부르던 검정 SUV 로고 속으로 스며들었을지도 모른다고

 며칠 뒤, 한자리에 모인 혐의자들 머리 위로 천왕성의 둥근 지평선이 빙글빙글 돌았지만, 아무도 분실물에 대해 명확히 입을 열지 않았다 고작, 누군가는 그것이 편지였다고 했고, 누군가는 유모차의 바퀴, 또 다른 누군가는 유품이 담긴 오래된 안경집이었다고 했다

 뜯지 못한 포장지에는 낡은 필름막처럼 얇은 빛이 눌려 있었고, 모서리에 적힌 수신자의 이름은 물에 젖어 번져

있었다

　그 향기는 여전히 창고의 철제 선반 위에서 누군가의 기억을 삭히고 있었다

## 하수구의 노래


이 어둡고 질펀하고 기괴스럽고 기밀한
내 서식처를 시시콜콜 토해놓자면
많은 것이 쉴 새 없이 흘러가지만
여긴 강이라 할 순 없고
끈적한 형광빛 망령들이 바닥에서 자라나는 수채
절묘한 보호색으로 감춰진 요새

아나콘다와 악어가 살았다는 도시 전설
쫓기던 해적선이 숨었고
밀항의 기착지였다는 황당무계함
그런 헛소문 따위는 일찌감치 갉아먹었고
이제는 그저 본능으로 찍찍거릴 뿐

나는 쥐다

잊을 만하면 커피 향이 흘러드는 이 창을 사랑하지
편의점에서 나오는 아이들의 단내나는 손
간간이 금맥처럼 흘러드는 라면 국물
굵다란 종이컵을 들고 담소하는 풍경

무슨 말인지 알아듣진 못하지만
여기까지 침이 튀는 걸 보면
꽤나 심각한 모양이다
하지만 이곳에서 지켜보자면
그건 단지 굴곡된 진실일 뿐

나이키 신발이 구축함으로 보이고
종아리가 허벅지보다 굵은 이 실사實寫
사람들 얼굴은 작고 멀어서 잘 보이지 않는다
휙휙 지나가는 바퀴들까지
세상의 길바닥이 저토록 분주한 줄은 일찍이 몰랐다

힐끔 내려다보고는 침을 뱉고 지나가고
또 누군가는 다급하게 쭈그려 앉아
창살에 창백한 얼굴을 들이대지만
그럴 땐 나도 식겁해서 도망간다
그래도 먹다 남은 커피를 쏟아주면 좋지
끈적한 점액이 들러붙은
종이컵이라도 던져주든지

나는 배부른 쥐다

사람들의 복부는 늘 팽창 중이고
손아귀의 악력 또한 만만찮을 테고
세상의 기름지고 맛난 것들을 먹어대지
그러고도 금세 또 뭘 먹을까 고민하고
늘 부족하다는 게 정량이란 듯
부푼 배가 풍선처럼 터지길 기다리고
화장실을 들락날락
약봉지를 들고 다니면서
그새 못 참고 또 먹은 것들의
트림소리, 방귀소리, 우렁차게 쏟아지고

나는 창을 여는 쥐다

사람들은 멋진 창을 적재적소에 달아두지만
그것의 용도가 무엇이건 간에
가장 낮은 곳에서 하늘로 열린 창
이 창이 바로 내 생존 숨구멍이지

큰 놈들이 범접할 수 없는 촘촘한 창살
손바닥만 하게 뚫린 감옥 창이 왜 위대한지 아는가
그건 바깥으로 열린 세상이기 때문이지

나는 잽싸게 드나들지만
이 창을 통해 거꾸로 걷는 사람도 보고
비둘기의 똥구멍도 힐끗 보이고
수캐가 가랑이를 쳐드는 장면도 보고
쓰레기를 휩쓸며 들이닥치는 폭우도 보고
처마 끝에서 쏟아지는 고드름 과자
겨울날 따뜻한 김이 피어오르는 설거지 바가지도
내 몸을 닦아주는 비누 거품도 본다

드높은 하늘에서 햇살이 비집고 들어오는 한낮
나는 그 빛에 몸을 말리며 생각한다
저런 걸 죄다 물어오고 싶지만
식량 저장고 같은 것은 이곳에 필요 없다
하지만 그런 생각은 내 본능하고는 너무 멀지

바라건대 제발 이 창에 커튼을 달지 마라

나는 시궁창의 쥐다

이곳의 짙은 어둠을 내게 묻지 마라
길바닥에서 우격다짐 중에 코피를 뱉는 자 누구인가
바지춤도 제대로 내리지 못한 채 취한 동작들
한밤중에 몰래 내다버린 폐기물들
잿빛 흔적엔 증거가 묻어난다
마약봉지를 뒤져볼까
회반죽처럼 굳어가는 그림자도 보인다
내 하루하루가 궁금하거든 이곳에 플래시를 비춰라
그러면 꼬리부터 감춘 실루엣이 드러날 테니
사람들은 언제나 소중한 것부터 숨겨두니까
그러니 차라리 희뿌연 빛에 쥐약을 섞어 떨어뜨려라

그럼에도 분연히 현실의 시궁창*을 훑고 다니는
나의 행적을 널리 알려다오
지금은 다만 고요를 숨쉬며 빛의 이삭을 줍는 시간

나는 소리를 갉아먹는 쥐다

길을 휩쓸고 달려오는 엔진 소리를 역류하게 하라
고막을 잔뜩 세운 내 귀를 보았는가
어두울수록 더 민감하다

먹고 웃고 떠드는 소리
싸우다가 흐느끼는 소리
변기가 오물을 게워내는 소리
뚜껑들이 바닥을 굴러가는 소리
벽을 타고 흐르는 신음소리
층간소음이야 지극히 소소하고
밤새 억울해서 끙끙 앓는 소리
임종 끝 곡소리는 이내 사라지고
속삭이다가 갑자기 돌변하는 소리
배신이 탄로나 따귀 맞는 소리
티격대다 젖은 알몸들이 끌어안는 소리

버려진 소리들이 죄다 이곳으로 흘러든다
어떤 소리들은 버리려다 다시 수거해가고
그 소리들은 메아리도 없이 사라져서는
자기 심연에서 역류하리니

나는 죽음과 부활의 쥐다

주검을 곁에 두는 건 이곳에선 낯설지 않다
삶이란, 하룻밤 자고 다시 깨어나는 것
나는 검은 몸으로 하루를 맞이하지만
주검과 체온을 나눈 적은 없다
삶이 먼저 앞발을 내딛었기 때문이다

살아 있는 것처럼 보이는 나도 언젠가는 주검이 되겠지만
그러나 죽음을 겪어본 존재만이 삶의
그 투명한 깊이에 도달한다
죽음은 작은 구멍을 드나드는 일
그 구멍은 자꾸 더 커지려고 한다

까마득한 선조들부터 미래의 어느 날까지
핏줄처럼 이어지는 법칙
죽음은, 그 누구도 고칠 수 없는 법칙
자자손손 반복되는 삶의 버릇
곧 잊히지만 또다시 기억되는 것

나는 꿈꾸는 쥐다

벚꽃축제 행렬이 한바탕 거리를 휩쓸고 지나갔다
봄바람 따라 낮게 깔린 꽃잎들이
창을 온통 덮어버렸다

이제 지상의 밤이 밀려오면
쇠꼬챙이, 끌개, 덫과 훑이,
살충제 분무기를 든 청소부들이
서부의 무법자처럼 멋진 걸음으로 나타날 것이다

에라, 멀찌감치
어둑한 밀실에 깊숙이 숨어서
치즈 꿈이라도 꾸어야지**
검은 돌멩이처럼 잠들었다가
잘 익은 빵처럼 포슬포슬 깨어나리라***


*커티스 핸슨 감독의 영화 〈8마일〉 중의 대사를 변용함.
**유키사다 이사오 감독의 영화 〈쥐는 치즈 꿈을 꾼다〉를 변용함.
***킹 비더 감독의 영화 〈전쟁과 평화〉 중의 대사를 변용함.

## 혹은 추상적이거나

한 여인을 훔쳐본다
통화음이 닿지 않을 거리에서
시선 이동의 은밀한 각도에서
여인은 구상적으로 앉아 있다
머리 위로 수백 호의 그림이 걸려 있다
그림을 그린 화가처럼 앉아 있다
이미 그림을 완성하고 제목을 짓는 중일 것이다
그림을 그리기 전부터 제목을 추상했을지도
나라면 '심연에서 끌어올린 영혼의 힘줄'이라 붙였을 것이다
그때 누군가 형형색색의 물감을 허공에 뿌린다
꺼져 있던 음악이 다시 흐르고
물감이 여인의 실루엣에 튄다
형상이 뭉그러지고 의자에 흘러내린다
음악이 꺼졌을 때 여인은 통화를 시작한다
대화는 제스처로 통역이 된다
기다리는 사람을 떠올리는 여인을 나는 다시 훔쳐본다
여인은 그림에 다가가 그 사람의 이름을 조심스레 사인하고
그림의 오른쪽 아래에서 돌아선다
푸른 시선을 잠시 머물다 간다
나는 얼른 시선을 그림 쪽으로 돌린다

여인이 내 이동을 그리지 못한다
나는 그림에서 눈길을 거둔다
여인이 일어나 내 쪽으로 걸어온다
나는 커피잔을 들여다본다
스쳐가던 여인이 걸음을 멈추고 잔 속에서 나를 들여다본다
눈동자가 형광색으로 반짝인다
여인이 앉았던 유리창을 바라본다
어느새 여인이 창밖에 서 있다
나는 엉덩이를 훔쳐본다
여인이 바라보는 풍경의 실사는 결국 훔쳐보지 못한다
여인이 떠난 자리
그림을 받치던 의자만 남고
나는 여인이 택시 타는 창밖을 스케치한다
구상으로는 끝내 닿지 못한 풍경을

## 한 겹의 생


나는 어머니의 마지막 숨을 지키지 못했습니다
두 손을 맞잡고, 그 입가에 귀를 대는
그런 이별의 예식은 익히지 못했습니다

그것은 오래 전 일이었고
우연을 가장한 나의 망설임이었습니다

삶이 사라지는 것, 오늘이 없어진다는 건
시든 꽃을 내다버리는 일과도
그 꽃이 다시 피어나는 일과도 달랐어요

흰 천으로 묶인 관 앞에서
나를 품던 한 여인을 떠올렸습니다
두 눈가에 피고 지던 잔주름의 물결 따라
잊힌 시간들을 되짚었어요

그건 육체적인 것이었고
흙으로 덮는 일이었어요
책갈피에 끼운 종잇조각처럼
휘어지고 구겨진 하루였습니다

생은 질기게 이어졌지만
사랑은 이불을 덮고 사라졌어요
한동안 나를 감싸던 온기만이 따라왔어요

사랑을 말로 설명하는 일은 어색했고
노래로 풀어내는 일은 쑥스러웠습니다

이른 봄, 버드나무 솜털같이
정처 없이 떠도는 혼령 같아서
그 노랫말을 짓기가 어려웠습니다

차라리 뜻 없는 미소를 지으며
긴 하품으로 그런 걸 털었습니다

나는 기억을 되새김할 줄 알아요
들이쉬고 내쉬는 숨결처럼 반복되는 것

잡힐 듯 달아날 듯, 어머니는 그렇게 떠나셨습니다
그곳이 어디인지 나는 알 수 없어요
목소리는 날리고, 발자국만 남았습니다

그 자취를 따라가다 멈춰 선 그림자를 만났습니다

가끔 낯선 길을 걷다보면
나보다 먼저 와서 나를 기다리는 당신이 있습니다
찻잔이 미지근해질 즈음
창 너머로 내 이름을 입김으로 부릅니다

나의 이끌림은 늘 다른 데로 흘러가고
발걸음은 자주 길을 잃지만
당신은 그저 웃고 계십니다

나는 어머니의 삶을 훔쳐보고 싶었어요
가끔 전신 거울 위에 몸을 눕히면
꿈속에서 당신이 이곳저곳을 데려다줍니다
손수 가꾼 꽃밭을 거닐다보면
커다란 달의 얼굴이 하늘에 떠 있습니다

그건 참 오래 전 일이에요

나와 함께 밤을 지키던 병풍이 있었고

병풍 뒤에는 누군가 있었습니다
나는 그것이 어느 한쪽으로 쓰러지길 바랐지만
끝내 어느 쪽으로도 넘어지지 않았습니다

서로를 나누고 또 지키는 듯했었지만
아무 말 없이 우두커니 서 있었습니다

그곳에서의 마지막 날이었겠지요
그 병풍은 어디론가 치워졌어요
생과 사의 경계를 지우듯
숨어든 바람처럼 그렇게 사라졌습니다

겹겹의 국화에는 우울이 젖어들고
촛불이 꺼진 뒤 희미하게 피어오른 연기
사람들이 돌아간 뒤의 웅성거림만 남았어요

어머니는 말했습니다
상처를 참으며 살아가는 삶은
시간을 멍들게 할 뿐이라고

지금도 어딘가에서 살아가고 계실 겁니다
죽음이 영원하다고 아무도 말하지 않습니다

이제 내가 가진 것은
무섭게 소멸해가는 기억들뿐입니다
내가 잃어가는 것은 사랑입니다

그건 오래 전 일이면서도
내일 일어날 일이기도 합니다

## 잔설


형들 다녀가고 누이들 다녀갔다
진작에 엄마는 말없이 다녀갔다

구름의 그림자 슬며시 드러눕고
산짐승도 숨죽인 채 발자국 몇 개 남겼다

눈발이 꼬리를 끌고 지나간 자리엔
이따금 햇빛도 머물렀지만

조화 몇 송이 바람에 파묻혔다

상석을 쓸어내니
검은 눈물 흘러내린다

## 나는 무덤이다

　내 안에 조상들 묻혀 있다 흑백사진 한 장 남기지 못하고 흩어진 이름들 아버지가 누워 있고, 어머니가, 형제도 그 옆에 나란히 묻혔다 먼저 간 아우들, 급하게 숨을 놓은 친구들도 들어왔다

　그들은 가끔 기도문 끝에서 내 이름을 부르고 불 꺼진 거실을 스치며 새벽 거울에 겹쳐 떠오른다

　나는 아직 봉분을 다지지 못했다 손에 쥔 흙이 마르기 전에 입술 끝에 맺힌 말 한마디라도 함께 묻고 싶었지만, 작은 항아리의 뚜껑은 열지 못했고 부장품도 넣을 게 없다

　사진 한 장,
　몇 마디 용서,
　묘비명 한 줄조차
　되살리지 못한 채

　몸져 눕혀둔 몇 줄의 시구詩句만이 남았다

　나는 무덤이다

삶이 내 안에 묻혀 간다

나는 아직 나를 묻지 못했다

## 봄 그즈음


 그 어머니 백수 부음을 밤새 문밖에서 서성거리던 바람에게 덥썩 물려 세 형제에게 날려보냈는데

 적막의 귓가를 두드리는 기척에 눈을 번쩍 뜬 아들은 안도의 한숨을 인공호흡기 깊숙이 불어넣고는 울먹이는데, 그 장면을 지켜보던 바람은

 빌딩 숲을 빠져나와 한적한 주택가 작은 창에 투명한 그림자로 붙어 서서, 남편의 죽음을 그의 어머니 가슴 한켠에 묻어두고 지내던 한 여인의 동태를 살피더니

 도시를 빠져나가 국도변에 흐드러진 복사꽃을 흔들어대며 작은 언덕 너머 높다란 담장으로 둘러싸인 회색 건물로 들어가서는 쇠창살을 긁으면서 복도 끝 으슥한 모퉁이의 방문을 열었다

 외출복을 받아들고 가는 반백의 뒷모습이 수척해보였다

 먼 길 돌고 온 바람이 날개를 접고 있는 동안, 백발의 아들이 영정을 등지고 덩그마니 앉아 있는 영안실로 검정 옷의 여인이 사그락사그락 들어섰다

4부

## 나사

  누군가 소라 껍데기인 양 빙빙 고랑이 진 물건이라고 적었다

  내 몸은 나사로 조립되어 있다 굽이마다 작은 기억들이 조여 있다 녹이 슬고 헐거워질 때마다 나는 뉴런계 나사를 꺼내 살며시 닦고 조이고 숨을 불어넣는다

  문제는 진작에 **빠졌어야** 할 썩은 나사 몇 개가 여전히 이빨을 물고 나를 놓아주지 않는다는 것

  그것들을 뽑아내려다 나는 문득 내 안의 모든 나사를 다 풀어야 하는 건 아닐까 두려워진다

  어쩌면 내 귓속을 파고드는 저 파도 소리는 **빠진** 나사 하나를 애타게 찾고 있는 내 몸속 고랑이 내는 소리인지도

## 종소리

내 안에 종 있어
슬픔들이 달려와 두드리곤 한다

워낙 공명共鳴이 깊어서

꽃가지만 스쳐도
눈물 맺힐 것 같아

나는 괜히 먼 데를 바라본다

네가 내 곁에 없는 날

종 하나 묻었다
네가 오던 그 길목
이젠 들꽃만 흔들리는 곳에

## 이별의 미래

비행기 추락*으로 생이별인 줄 알았던 그가 어둠에 젖어 나타난 것은 비 내리는 밤

아내가 다른 남자와 결혼했다는 사실을 알게 된 그는 다시 그의 도시로 생환했다

수건을 건네는 여인의 흰 손 너머 가족사진 속 환한 얼굴들이 무인도 물웅덩이 위에 비친 제 얼굴과 겹쳐졌다

이제 돌아갈 곳을 잃은 그를 따라 밖으로 나온 여인은 흠뻑 젖어 흐느꼈다

**금방 다녀온다 해놓고선…**

골목을 타고 쏟아져 내리는 빗물이 둘의 그림자를 하나로 묶어놓았다가 이내 갈라놓고 어둠 속으로 빨려 들어갔다

**이제 어쩌지?**

---

*로버트 저메키스 감독의 〈캐스트 어웨이〉를 원용함.

# 밥

삶은 것들을 고봉으로 퍼담았구나
잊힌 말들로 속을 채우고

물잔에는 하늘을 따라 붓고
구름에는 숟가락 없고
바람 언덕의 풀잎들은
잘잘 볶아냈구나

글자들을 참기름에 무쳐두다니
행간은 레인지에 데워 눌어붙게 하고

슬픔은 식초에 절였겠지
눈물에는 소금 한 꼬집

한 편의 시로 차린 밥상
첫술 뜨는 순간, 울컥할 테지만
드셔보시죠

씹을수록 퍼지는 말의 맛!
밥상에서는 늙지도 않는다죠!

아, 냉동실에 얼려둔 오래된 진심이 있는데, 해동하려다가 손끝이 데일까 그만두었습니다

# forget me not

오래된 시집\*을 펼쳤다. 서가 맨 위칸, 잊힌 채 꽂혀 있던 어느 여름의 양장본 책등의 가느다란 실밥은 풀려 있고, 표지는 누렇게 바래 있었다

책장을 넘기려는 순간, 마른 꽃잎이 흘러내렸다 조심스레 펼치자 꽃잎의 결을 따라 꾹 눌러쓴 글이 드러났다.

**양순아 forget me not 김화동, 장미꽃 속의 줄기 같이 뻗어나 가자**

꽃물은 종이 위에 오래도록 스며 있었고, 어떤 시구보다도 애절한 구애가 빛바랜 갈피 속에 화석처럼 남아 있었다

그들은 한 편의 시가 끝나고
다음 시가 시작되는 틈새에
서로의 마음을 숨겨넣었다
정작, 자신의 마음이 닿지 못한 연聯과 연 사이,
그곳은 무심한 갈피처럼 보였지만
어쩌면 가장 깊이 감춰진 자리였을지도

시집을 받은 그녀는, 꽃편지를 손바닥에 얹고 창밖을 한참 머물렀다

시집을 되돌려 받은 그는, 한동안 헌책방 앞을 맴돌았을 것이다

그녀의 답신을, 그는 확인했을까 부서진 마음을 더듬다가 문득 꽃잎 뒷면의 그 한 줄을 끝내 마주했을까

**절 이렇게 울리면 어떡해요**

\* 1971년 7월 성문사 발행, 김용진 시집 『刑象派詩學』

# 옆구리


슬픔의 전해질이 순환하다가
이따금 뼈마디를 툭 치고 지나간다

결리는 숨결들
날아오르지 못한 날갯죽지 마냥

폐활량의 주름은 깊어만 가고

그리울 때마다 부풀어오르는 공허
누가 껴안아주지 않으면
스스로 도무지 감쌀 수 없는

내 안에 파묻힌 바람의 늑골만이
스스로를 감싸안는다

## 관성

태양이 지나간 하늘 서쪽 언저리
검붉게 패인 바퀴 자국

내가 몰고 온 궤적에
잠깐, 불꽃이 튄다

숨죽인 굉음 속에서
수레바퀴 하나 끌고 오듯
내가 나를 밀고 왔다

이제 그만 멈추려는 근육
향할 곳도 없이 원을 그리는 바퀴처럼

길의 끝자락쯤
희미한 느낌이 멈춰 선다

삶은,
멈추는 법을 잊은 체 하는 것
저도 모르게
조금씩 떠밀려가는 것

조우


전화를 끊고 난 그에게
고드름 끝에서 떨어지는 낙숫물처럼
물음이 쏟아졌다

창문을 연다, 먼 별빛

얼굴과 목소리,
내가 띄웠던 엽서의 빼곡한 손글씨들
시간 속에서 굴절된 그의 기억

나 없이 흘러간 시간 속
그는 나를 어디쯤 놓아두었을까

한낮의 우박 같은 말들
잿속에 묻어둔 불씨 같은 순간들
길거리에서 어깨를 부딪힌 우연의 편린들

소금 포대같이 무거운 세월을 이고
그에게로 간다
하얗게 바랜 일기장 갈피 뜯어서 들고

잠을 설치다가 벌떡 일어나 거울을 들여다본다
거울 속에서 오래 전 내 얼굴이 반짝인다

이 밤이 지나고 나면
우린 서로의 모서리에 닿을 수 있을까

낯선 듯 가장 속깊은 말부터
서둘러 꺼내게 될까

## 웃음소리들

카페 한쪽에서
눈맞춤 게임에 빠진 젊은 얼굴들

마주앉은 남녀의 시선이 찌릿해지는 순간

하얍! 하고 웃으려다
웬일인지 웃지 못하고
황급히 삼켜버린 그 소리를
상대 남자가 너털웃음으로 넙죽 받아먹는다

삭둑 잘려나간 꼬리쯤은 내가 챙기겠다며
입꼬리만 씰룩거리다가
크크큭, 하고 뱉어내더니

눈웃음 몇 번 주고받고는
갑자기 딸꾹질에 사레 기침
뭔가 씹히는 소리가 뒤섞인 기묘한 앙상블이 이어지고

그러다가
엎지른 물컵 위로 둘의 손등이 겹쳐진 찰나

누군가 물을 닦아내고

끝내 터지지 못한 웃음들이
테이블 위에 흥건하다

# 난파선


어느 날, 부유물로 떠오른 기억

빈 구명정이 파도를 더듬는다
나는 수면 위를 걸으며
내가 어디 있었는지 기억을 두리번거린다

무슨 일이 있었던 걸까
가라앉은 것들, 다시 떠오르지 않는 침전물
귓가를 할퀴는 물의 회오리

저무는 해안도로를 달리다 포구에 얽힌 밧줄을 풀고 있는
누군가를 보았다

되돌아가려는 파도의 등줄기에서
버둥대는 낡은 배

부서진 톱날처럼 휘어진 수평선, 그 끝에서
돛을 부러뜨려야 했던 자는, 나였을까

너울지는 낙조 속에
배 한 척 불타오른다

## 스캔들 전야


생식에 목이 말랐던 포자들
바람에 흩날려 덤불숲에 앉았다

숙주들 와글대는 늪지에서
은밀한 파문이 끓어올라

질펀한 굴곡 속에서 산란은 시작됐으니

전봇대 밑 액정에 비친 반쪽의 얼굴들이
사뭇 괴기하다 못해

뒷골목에 둘러서서
담뱃불을 지지고 있는 동공들
헛구역질 달빛 아래 비밀을 베어문 입술들

정액처럼 끈적거리는 비밀
누구도 아침을 말하지 않는 밤

## 당신의 안과 밖

당신은 내 안과 밖에 동시에 산다

나는 지금 당신의 바깥에 있다
그러나 당신은 여전히 그 안에 있다

거울 앞에 서면 당신의 숨결이 내 호흡을 덮친다
밖에서 안을 가리고, 안에서 밖을 훔쳐보는 당신

나는 내 안을 숨기려다 당신의 밖에게 들킨다

당신은 종종 안과 밖을 동시에 잠근다
나는 문 너머에서 당신을 두드리고, 안쪽에서 나를 본다

내가 내 바깥에 서 있다

문고리를 쥐고 나는 묻는다
지금 당신은 안에 있는가, 바깥에 있는가

당신은 스쳐지나며 안을 열고, 돌아서며 바깥을 닫는다

밤이 오고, 손끝이 문고리에 머물면
나는 어느 쪽의 당신을 만나야 할지 망설인다

바깥이 늘 그러하듯 안쪽의 삶이 궁금해진다
안에서는 대답이 없다

이제 나는 당신의 바깥에만 머물겠다

언젠가 당신이 당신 안으로 들어설 때
나는 단호하게 내 바깥으로 들어설 것이다

## 물의 기억

나는 매일 물로 나를 지운다
얼굴을 닦고 손가락 사이를 헤집는다

손을 자주 씻는 건
많은 것을 쥐었다가 놓았다가 했기 때문이다

부르르 움켜쥐던 주먹
먼저 내밀지 못하고
거둬들이던 몸짓

그 자국들이 물에 녹아 흘러간다

하수구로 빠져나가는 앙금과 거품
모두 내 속에서 벗겨진 것들

그러나 아무리 씻어도 닦아지지 않는 건
삶이 문질러놓고 간 오래된 손때

나는 씻고 또 씻지만
물은 내 안을 지우지 않는다

오늘도 물은
차갑게 나를 훑으며
제 기억으로 나를 덧입힌다

## 연륙교에서


섬, 저기 또
불쑥 솟아오르더니

숨을 들이쉰 채
어느새 가라앉는다

시시각각 높이를 바꾸는 수평선
물비늘 떨구며 오르내리고

붕 떴다가
뒤집히는 해녀의 둔부

물질하는 파도
숨비소리 한 점

섬, 다시 떠오른다

난간에 도열한 깃발들 앞
바람은 숨을 고른 채 멈춰 있다

섬, 또 사라졌다

내 발걸음 허공을 딛고
휘어진 교각 위에
흔들리는 시간을 붙들고

지금, 나는
누군가의 기억에 떠오른
무지개를 타는 중이다

투고


낯선 곳으로 떠나보내는
결연한 입맞춤의 끝인가

마감 직전 던져진 종이뭉치
가쁜 숨을 몰아쉰다

전자음이 찍은 소인

서둘러 봉인된 탈고의 시간들은
어둠의 격납고에 실려
밤의 가도를 달려갈 것이다

수없이 찢고 구겨낸 밤
굴곡진 서사들이
서랍 속에 웅크려 있다가

머지않아 누군가의 무심한 시선에
이 낯선 이름자
오타誤打처럼 날아 꽂히기를

우체국을 나서자
바람이 불쑥 모자를 벗겨 간다

머릿속을 나갔던 노곤한 감각들이
제 그림자를 밟으며
노을진 모퉁이를 돌아가고

어쩌면, 지금 막 펼쳐 든 문장 몇 개가
당신 가슴팍의 흉터가 되기를

해설

# 패배의 운명을 감수한 난파선의 항해

우대식/ 시인

    오두섭의 시집 『옆구리의 슬픔』은 순간이라는 시간적 개념과 우연이라는 이 세계의 불연속적 특성을 세계를 이해하는 주요한 매개로 삼고 있다. 그것은 구조된 세계를 합리적 질서에 의해 파악하는 것이 아니라 현실 너머의 초월적인 인식을 바탕으로 주어진 현실을 이해한다는 말과 같다. 그러니 그의 시에 그려지는 일상은 현실의 재현과는 거리를 가지며 일상적 이해보다는 이면적 진실을 추구한다는 말이 맞을 것이다. 이면적 진실에 생명력을 불어넣는 것은 육체적 감각이다. 그의 시를 읽는 일은 어떤 순간에 발생한 우연의 진실을 밝히고자 하는 예민한 육체적 감각을 이해하는 일이라 할 수 있다.

    깃털 하나 떠 있다
    누구의 졸던 품에서 흘러나왔는지도 모른 채, 출입문 앞에서 멈춰 선다 눈보라치는 골목을 둘러보다가 이내 문

턱을 타넘는다

기억상실자처럼 얼굴들 사이를 유영하며 티격태격하는 몸짓이나 작별 직전의 포옹 같은, 낯선 따스함에 잠시 발걸음을 세운다

깃털은 과거를 잊은 채 부유한다 그런데도 나는 그 앞에서 숨을 멈춘다 혹시 내 안의 무언가를 들킬까봐, 말보다 먼저 흘러나오는 냄새 같은 것들

어디선가 날개의 기억을 끌고 온 듯 깃털은, 한때의 속력을 잊지 못한 채 뜬다 바람의 옅은 틈을 타고

텅 빈 객실을 떠돌다 사라진다 하지만 나는 안다, 어둡고 바람 찬 모퉁이 자리들이 저들을 위한 곳이라는 걸

되돌아갈 길 없는 통로의 깃털 하나가 종착역, 내 가파른 가슴팍에 아슬아슬 매달린다

—「깃털의 시」 전문

시집 가장 앞에 실린 이 시는 '서시'의 역할을 하고 있다. 이 시집 전체가 사실 시쓰기에 대한 메타적 성격을 가지고 있는데 그 대표성을 보여주는 시라 할 수 있다. "깃털"의 행방을 쫓아가는 미시적 시선은 섬세한 감각을 동반하고 있다. 허공에 뜬 "깃털" 하나가 공중을 부유하다가 문턱을 넘

어 실내로 들어온다. 공중을 부유하는 "깃털"에서 "기억상실자처럼 얼굴들 사이를 유영하며 티격태격하는 몸짓이나 작별 직전의 포옹 같은" 것을 떠올린다. 구체적인 사물인 "깃털"에서 관념적인 몽유의 감각을 불러오는 독특한 작업을 수행하는 것이다.

기억상실자가 타인의 얼굴과 얼굴을 번갈아보며 혼란스러운 기억을 가다듬는 행위를 허공을 떠도는 "깃털"에 비유하는 것은 탁발한 발상이라 할 수 있다. 3연은 허공에 떠 있는 "깃털"과 내 안의 무엇과의 팽팽한 긴장을 보여준다. 정적 속의 긴장은 순간 허공에 떠 움직이지 않는 "깃털"과 내 안의 침묵 사이에서 발생한다. "깃털의 시"란 바로 이 정적의 긴장 속에서 탄생하는 것이며 시적 화자의 시쓰기에 대한 메타적 풍경이기도 한 셈이다.

정지의 순간을 지나 다시 떠오른 4연의 "깃털"은 또다시 부유하다가 "바람 찬 모퉁이 자리"에 모여든다. "어둡고 바람 찬 모퉁이 자리들이 저들을 위한 곳이라는 걸" 시적 화자는 알고 있다고 고백한다. 어쩌면 "깃털의 시"란 끝없이 떠돌아야 하는 가벼운 것들의 비애의 상징인 동시에 그 종착이 "내 가파른 가슴팍"이라는 점에서 세계로부터 소외된 시인의 시를 형상하고 있다고도 볼 수 있다.

공중에 떠올라 순간 정지한 정적의 세계는 적어도 현실적 패배로 귀결될 것이 분명한 "내 언어로는 닿을 수 없"(「겨울 폭포」)는 세계인 동시에 끝내 포기할 수 없는 세계이기도 한 것이다. 하여 "나의 일필一筆을 믿는 것이다"(「연필들」)라는 당당한 선언을 하게 된다. 시쓰기에 대한 메타적 작품 가운데 눈에 띄는 제재는 "몸"이다.

나는 내 몸을 만진다

쓰다듬어 완성된 얼굴
한 번씩 더듬어보는 옆구리
가장 멀리 자리한 발톱을 다듬고
함몰된 젖꼭지를 꼬집어본다

이번엔 내 몸이 나를 만진다

과장된 동작으로 재채기를 연거푸 하고
광장에서 방향을 잃은 어깨와 부딪히고
발끝은 작은 웅덩이에 툭 빠지고

문득 몸이 의심 많은 부위를 엑스레이로 비춘다
슬개골 위엔 나비 문신을 새겨넣으려 한다

연단 위에서 내 몸이 말했다
혀는 말을 비껴가고
입술은 낯선 이름들을 흘린다

몸은 나를 못믿겠다는 투로

거울 앞으로 끌고 간다
두 개의 몸이 서로 외면하며
마주한 거울 속 얼굴을 부정한다

가끔 벗어둔 옷이 몸에 맞지 않을 때면
몸 안의 나는 안절부절못해
몸 밖의 나는 오돌오돌 떨고 있어야 한다

몸속 장기들이 웅크리기 전
나는 늑골 밑으로 손을 집어넣는다

내 안에 사는 나를 만나러 가는 길

그런데 그는 번번이 꿈속의 나를 깨워
다시 밖으로 데리고 나온다

내가 뱀이 되려는 순간
내가 개가 되어 짖으려는 순간

몸은 또다시 나를 입는다

—「몸의 시」전문

  이 긴 시는 감각의 기원으로서의 몸의 육체성과 또 다른 나라고 하는 이중의 페르소나로서의 몸에 대하여 탐구하고 있다. "쓰다듬어 완성된 얼굴"이란 시적 화자의 근원

적인 존재 방식을 보여준다. 육체란 그 자체로 있는 것이 아니라 육체성을 확인할 때 존재하게 된다는 생각은 "옆구리", "발톱", "젖꼭지"까지 더듬고 꼬집어보게 한다. 어느 순간 "내 몸이 나를 만"지는 지경이 된다는 것은 일종의 상황의 역전인데 지각의 주체가 뒤바뀐다는 점에서 일상의 관점에서는 혼란을 야기하게 된다. "몸이 의심 많은 부위를 엑스레이로 비춘다"는 시적 진술 자체가 주체와 대상 사이의 혼란을 보여주고 있다. 몸과 나는 서로의 주체이자 대상이 되는 셈이다.

몸을 못 믿는 나와 나를 못 믿는 몸 사이의 갈등은 끝내 거울 앞에서도 서로를 부정한다. 나라는 존재 자체도 "몸 안의 나"와 "몸 밖의 나"는 다른 존재이다. 하여 나는 "내 안에 사는 나를 만나러" 간다. "그런데 그는 번번이 꿈속의 나를 깨워/ 다시 밖으로 데리고 나온다"의 진술에서 내용상 "그"는 "몸"일 터이다. "꿈"이라는 기제야말로 현실과 현실 너머를 아우르는 사유의 장소라 할 것이다. 몸의 육체적 감각이란 우리의 초월적 사유를 현실로 끌고 오는 힘이 있다. 그것으로부터 강력한 탈주의 욕망을 보여주는 것이 뱀 혹은 개가 되려는 의지라 할 수 있다.

들뢰즈가 말하는 '되기'는 혈연이나 종을 가로지르는 횡단적인 선을 따라 낯선 것의 생성 속으로 말려들어가는 동맹이다. 이질적인 것과의 접속을 통해 새로운 이탈의 선을 그리는 것이다. 속도든 움직임이든 동물 되기를 한다는 것은 그 동물의 감응을 산출하는 어떤 강도들의 흐름을 만들어내는 것이다. 몸 속에 감추어진 내가 "뱀" 혹은 "개"가 가진 강밀한 야수성을 통하여 주어진 현재로부터 탈주하고 싶다는 욕망을 이 시는 보여준다.

현실적으로 이러한 시도는 늘 패배의 운명을 감수할지는 몰라도 그 집요한 시도야말로 몸 안에 있는 나의 존재적 가치이며 생명력의 형상이라 할 수 있다. "나는 내 안에 수감되었고, 감옥의 굴뚝에는 언제나 눈이 내렸다"(「삶, 혹은」)는 비애의 표정도 나와 "감옥"으로 형상된 몸의 관계성에서 비롯하는 것이다. 좀 더 구체적인 비유로 몸에 대해 탐색하는 다음과 같은 시가 있다.

    누군가 소라 껍데기인 양 빙빙 고랑이 진 물건이라고 적었다

    내 몸은 나사로 조립되어 있다 굽이마다 작은 기억들이 조여 있다 녹이 슬고 헐거워질 때마다 나는 뉴런계 나사를 꺼내 살며시 닦고 조이고 숨을 불어넣는다

    문제는 진작에 빠졌어야 할 썩은 나사 몇 개가 여전히 이빨을 물고 나를 놓아주지 않는다는 것

    그것들을 뽑아내려다 나는 문득 내 안의 모든 나사를 다 풀어야 하는 건 아닐까 두려워진다

어쩌면 내 귓속을 파고드는 저 파도 소리는 빠진 나사
하나를 애타게 찾고 있는 내 몸속 고랑이 내는 소리인지도
—「나사」 전문

  위 시는 사람의 육체를 인공으로 조립한 기계처럼 취급하고 있다. 이 시에서 "나사"는 각 부분의 연결을 위한 단순한 매개물이 아니라 "굽이마다 작은 기억들이" 품고 있는 유기물이다. 가장 문제적인 부분은 3연이다. "진작에 빠졌어야 할 썩은 나사 몇 개가 여전히 이빨을 물고 나를 놓아주지 않는다는 것"에서도 구체적 사물을 관념으로 전이시키는 특유의 방법을 선보인다. 여기서 빠졌어야 할 나사란 육체의 한 부분이라기보다는 나라는 존재의 사유에 가깝다고 볼 수 있다. 나를 구성하는 버리고 싶은 사유의 일부라고 하는 것이 타당할 터이다. 사유와 육체는 서로 뗄 수 없는 관계에 놓여 있다는 점에서 사유든 육체든 나와 관련을 맺고 있다.

  어쨌든 빠져야 할 썩은 나사를 뽑아내려다 혹 "내 안의 모든 나사를 다 풀어야 하는 건 아닐까" 두려워하는 시적 화자의 모습에서 사유와 육체 모두 유기적 관계를 맺고 있다는 것을 알 수 있다. 나사의 형상을 한 "내 몸속 고랑이 내는 소리"는 "빠진 나사 하나를 애타게 찾"는 소리로서 내면의 절규에 가까운 것이라 할 수 있다. 이 내면의 절규는 시인으로서의 정체성과 분열을 내밀하게 보여준다.

  몸을 구성하는 썩은 나사산이 내는 소리는 유기물의 파

괴에서 비롯되는 고통이며 이는 우리가 믿고 살아온 일상성의 균열을 의미하는 것이다. 이 부분에 대한 탐구가 시를 쓰는 이유이기도 할 터이다. 육체와 사유를 통한 시적 형상화는 오두섭 시인에게는 존재의 증명인 셈이다. 확정된 세계에서의 사유를 거부하고 불투명하면서 알 수 없는 세계로의 진입은 투철한 개별자로서의 시적 화자의 개성이라 할 수 있다.

어느 날, 부유물로 떠오른 기억

빈 구멍정이 파도를 더듬는다
나는 수면 위를 걸으며
내가 어디 있었는지 기억을 두리번거린다

무슨 일이 있었던 걸까
가라앉은 것들, 다시 떠오르지 않는 침전물
귓가를 할퀴는 물의 회오리

저무는 해안도로를 달리다 포구에 얽힌 밧줄을 풀고 있는 누군가를 보았다

되돌아가려는 파도의 등줄기에서
버둥대는 낡은 배

부서진 톱날처럼 휘어진 수평선, 그 끝에서
돛을 부러뜨려야 했던 자는, 나였을까

너울지는 낙조 속에
배 한 척 불타오른다

―「난파선」 전문

오두섭 시인의 시에서 혼돈스러운 낱개의 현실들이 그대로 펼쳐진 경우를 종종 목도하게 되는데 이 시의 출발도 그러하다. 스치듯 지나가는 기억 혹은 감각의 흔적을 붙들고 도대체 무엇인가를 고뇌하다가 자신의 삶의 어느 지점과 관계 맺기를 시도한다. 파도에 휩쓸린 빈 구명정과 도대체 이곳은 어디인가를 고민하며 수면 위에 서 있는 나의 형상은 혼란 그 자체이다. 난파의 흔적이 역력한 풍경 속에서 "포구에 얽힌 밧줄을 풀고 있는/ 누군가를" 본다. 그리고 밧줄을 풀고 있는 누군가에게 나의 모습을 겹쳐본다. 아직 묶인 배는 흔들리고 있다.

그리고 시적 화자는 생각한다. "부서진 톱날처럼 휘어진 수평선, 그 끝에서/ 돛을 부러뜨려야 했던 자는, 나였을까"라는 물음에서 난파의 능동적 주체로서의 "나"가 등장한다. 시적 화자는 자신의 삶의 여정을 난파로 인지하고 있으며 난파라는 상징적 의미가 누구에 의한 것이 아니라 자신의 선택이었음을 은밀히 이야기하고 있다. 낙조 속에서 불타오르는 "배 한 척"은 부러진 돛으로 인해 물결을 따라 흘러가는 비장한 풍경을 연출한다.

  앞에서 말했듯 시적 화자에게는 구조화되고 확정된 세계로부터의 이탈이야말로 세계의 진실을 향한 첫걸음이라 할 수 있다. 결국은 은유화된 가장된 세계의 숨겨진 진실을 향해 자신의 몸과 사유가 자유롭게 흘러가도록 스스로 난파시키는 일이 그에게는 시라 할 수 있다. 그러기 위해서는 자신만의 세계 해석이 필요할 일이고 그 한 장면을 아래 시에서 만날 수 있다.

    켜진다는 건 얼마나 사소한 놀라움인가

    막 태어난 아기의 눈동자로 세상의 뜨거운 빛이 쏟아질 때

    빈집의 녹슨 철대문이 스스로 살을 갉아먹으며 돌쩌귀로 울부짖는 순간

    양동이의 물이 항아리의 어둔 바닥에 불꽃을 쏟아붓고

    젖은 삭정이 속 숨죽이던 불씨를 끝내 살려내고야 마는 짠 입김과 매운 눈물

    백열전구를 사라간 아우가 어둠을 뒤집어쓰고 달려들어오던 밤

삼세번에 붙은 성냥불이 내 심장을 두근거리게 하고

　　　불살라버린다는 것은 얼마나 놀라운 사건인가

　　　무인도에 고립된 조난자가 마침내 불을 만들어 어둠을
　　　통째로 태운다는 것

　　　나는 여기에 있다고
　　　타오르고 있다고

　　　　　　　　　　　　　　　　　　　―「불」전문

 이 시의 핵심은 "불"과 "켜진다는 것"의 새롭고 다양한 의미론적 해석이라 할 수 있다. 아기의 눈동자로 최초의 뜨거운 빛이 쏟아지는 일을 '불을 켜는 것'이라는 해석은 매우 탁월한 해석이라 할 수 있다. 항아리 어두운 바닥에 양동이의 물을 붓는 순간도 불이 켜지는 순간이다. 불을 켠다는 것은 생명의 부화이며 살림의 미학인 셈이다. "불살라버린다는 것은 얼마나 놀라운 사건인가"라는 사물의 현상에 대한 발견은 바로 이러한 생명에의 의지와 관련이 깊다. 어쩌면 산다는 것은 "나는 여기에 있다고/ 타오르고 있다고" 존재를 확인하는 일일 것이다.

 오두섭의 시는 원시적인 생명성의 가치를 옹호하고 자신만의 세계 해석에 골몰하고 있다. 그것은 끝내 사물이나 현상의 본질의 문제와 깊은 관련을 가지게 된다는 점에서 철학적 언술을 포함하게 되는 것이다. 그 이면에는 부조리한 현실에 대한 인식이 가로놓여 있다. 세계를 거대한 하수구에 비유한 「하수구의 노래」의 시적 화자는 "쥐"의 시선으로 세계를 본다.

나는 시궁창의 쥐다

이곳의 짙은 어둠을 내게 묻지 마라
길바닥에서 우격다짐 중에 코피를 뱉는 자 누구인가
바지춤도 제대로 내리지 못한 채 취한 동작들
한밤중에 몰래 내다버린 폐기물들
잿빛 흔적엔 증거가 묻어난다
마약봉지를 뒤져볼까
회반죽처럼 굳어가는 그림자도 보인다
내 하루하루가 궁금하거든 이곳에 플래시를 비춰라
그러면 꼬리부터 감춘 실루엣이 드러날 테니
사람들은 언제나 소중한 것부터 숨겨두니까
그러니 차라리 희뿌연 빛에 쥐약을 섞어 떨어뜨려라

(중략)

먹고 웃고 떠드는 소리
싸우다가 흐느끼는 소리
변기가 오물을 게워내는 소리

뚜껑들이 바닥을 굴러가는 소리
벽을 타고 흐르는 신음소리
층간소음이야 지극히 소소하고
밤새 억울해서 끙끙 앓는 소리
임종 끝 곡소리는 이내 사라지고
속삭이다가 갑자기 돌변하는 소리
배신이 탄로나 따귀 맞는 소리
티격대다 젖은 알몸들이 끌어안는 소리

버려진 소리들이 죄다 이곳으로 흘러든다
어떤 소리들은 버리려다 다시 수거해가고
그 소리들은 메아리도 없이 사라져서는
자기 심연에서 역류하리니

—「하수구의 노래」부분

이 시에 등장하는 "시궁창의 쥐"는 하늘을 향해 열린 하수구라는 창을 통하여 세계를 바라본다. 시궁창의 어둠 속으로 폭력의 결과물과 폐기물들이 흘러든다. "잿빛 흔적"이란 어둠 속에 감추어진 추악한 현실의 민낯인 셈이다. 이 시의 압권은 세계를 소리로 인식한다는 점이다. 온통 소음에 가까운 소리로 세계가 채워져 있다는 사실을 새삼 일깨운다. "먹고 떠드는 소리/ 싸우다가 흐느끼는 소리"로 대표되는 온갖 "버려진 소리들"의 행방을 쫓는 쥐는 시적 화자의 예민한 감각을 형상한다.

서구 형이상학에서 로고스중심주의 가운데 하나는 '글쓰기'에 대하여 '말'에 우선성을 부여한 것이다. '글쓰기'에 대하여 '말'에 우선성을 두는 것은 바로 현전, 즉 구체적 현실을 눈앞에서 보여줄 수 있다는 가정 때문이다. 데리다는 이 것을 음성중심주의라 부르며 신랄한 비판을 가한다. 어쨌든 말은 그것이 현전에 더 가깝다고 생각되기 때문에 선천적인 것으로 간주되었다.

이 시에서 쥐가 듣는 모든 소리는 세계의 현전이며 구체적 현실인 셈이다. "버려진 소리는 죄다 이곳으로 흘러든다"는 시적 진술은 쥐로 형상된 시적 화자의 현실 인식을 단적으로 보여준다. 즉 하수구로 들려오는 모든 소리는 버려진 소리이며 심지어 "버리려다 다시 수거해"가는 소리조차도 "자기 심연에서 역류"할 수밖에 없는 상태이다. 이 시에 이어지는 "죽음과 부활의 쥐"나 "꿈꾸는 쥐"는 바로 이러한 현실을 바탕으로 한다. 죽음에 대한 긍정과 하수구 창이 온통 꽃으로 덮이기를 바라는 꿈이야말로 부조리한 현실을 넘어서는 시적 화자의 실존 방식이라 할 수 있다. 그로테스크한 세계에서 귀를 세우고 소리를 듣는 자가 시인이라는 것을 증명하고 있는 것이다.

시집 『옆구리의 슬픔』을 읽고 시쓰기에 대한 혹독한 자기 확인의 욕망과 그것이 몸과 사유로 어떻게 체현되는지를 살펴보았다. 또한 부조리한 세계에서 스스로를 난파시킴으로써 자유로운 불안을 수용하는 용기가 어떻게 시적으로 형상화되는지도 볼 수 있었다. 중요한 지점은 자기만의 세계 해석을 통한 철학적 사유를 시적으로 관철한다는 점이다. 서정성을 추구하는 많은 시인들이 이 지점에서 대개 머뭇거린다. 그러한 점에서 오두섭 시인의 시적 개성이 빛을 발한다. 개성이란 다른 말로 자기만의 길이다. 보편성으로부터 거리가 있다는 말이다. 당연히 예술이 지향해야 할 길이지만 외로운 길이기도 하다. 멀리 가시기를 기원드린다.

**현대시세계 시인선 183**
# 옆구리의 슬픔

지은이_ 오두섭
펴낸이_ 조현석
기　획_ 김정수, 우대식
펴낸곳_ 북인
디자인_ 푸른영토

**1판 1쇄_** 2025년 09월 20일
**출판등록번호_** 313 - 2004 - 000111
**주소_** 121 - 842 서울 마포구 서교동 460 - 34, 501호
**전화_** 02 - 323 - 7767
**팩스_** 02 - 323 - 7845

ISBN 979-11-6512-183-9　　03810
ⓒ오두섭, 2025

이 책의 글과 그림에 관한 저작권은 저자와 출판사에 있습니다.
저자 허락과 출판사 동의 없이 내용의 일부를 인용, 발췌를 금합니다.